LE

GRAND ABÉCÉDAIRE

EN

ACTION.

Paris,
Imprimerie de Béthune et Plon,
RUE DE VAUGIRARD, 36.

LE

GRAND ABÉCÉDAIRE

EN

ACTION,

DESSINS

Par MM. Daumier, Gavarni, Johannot et autres artistes.

PARIS,

CHEZ AUBERT ET CIE, ÉDITEURS

du MUSÉE PHILIPON, de la LANTERNE MAGIQUE, des FOLIES CARICATURALES et du beau journal les MODES PARISIENNES,

PLACE DE LA BOURSE, 29.

1844

LE

GRAND ABÉCÉDAIRE.

A B C D E F G H I J K L M N
O P Q R S T U V W X Y Z

a b c d e f g h i j k l m n o p q r
s t u v w x y z

A B C D E F G H I J K L M N O P Q R S T U V
W X Y Z

a b c d e f g h i j k l m n o p q r s t u v w x y z

A B C D E F G H I J K L M N O P Q R S T U V W X Y Z

a b c d e f g h i j k l m n o p q r s t u v w x y z

A B C D E F G H I J K L M N O P Q R S T U V W X Y Z

a b c d e f g h i j k l m n o p q r s t u v w x y z

A B C D E F G H I J K L M N O P Q R S T U V
W X Y Z

a b c d e f g h i j k l m n o p q r s t u v w x y z

A E I O U a e i o u

ab ac ad af ag ah aj ak al am an ap aq ar as at av
ax ay az

eb ec ed ef eg eh ej ek el em en ep eq er es et ev
ex ey ez

ib ic id if ig ih ij ik il im in ip iq ir is it iv ix iy iz

ob oc od of og oh oj ok ol om on op oq or os ot ov
ox oy oz

ub uc ud uf ug uh uj uk ul um un up uq ur us ut
uv ux uy uz

aba abe abi abo abu aca ace aci aco acu ada ade adi ado adu
afa afe afi afo afu aga age agi ago agu aka ake aki ako aku ala
ale ali alo alu ama ame ami amo amu ana ane ani ano anu
apa ape api apo apu ara are ari aro aru asa ase asi aso asu
ata ate ati ato atu ava ave avi avo avu axa axe axi axo axu
aya aye ayi ayo ayu

abab abac abad abaf abag abai abak abal abam aban abap
abaq abar abas abat abav abax abay abaz

eba ebe ebi ebo ebu eca ece eci eco ecu eda ede edi edo edu
efa efe efi efo efu ega ege egi ego egu eka eke eki eko eku
ela ele eli elo elu ema eme emi emo emu ena ene eni eno enu
epa epe epi epo epu era ere eri ero eru esa ese esi eso esu
eta ete eti eto etu eva eve evi evo evu exa exe exi exo exu

1 2 3 4 5 6 7 8 9 10 11 12
un deux trois quatre cinq six sept huit neuf dix onze douze

13 14 15 16 17 18 19 20
treize quatorze quinze seize dix-sept dix-huit dix-neuf vingt

21 22 23 24 25
vingt-et-un vingt-deux vingt-trois vingt-quatre vingt-cinq

26 27 28 29 30 31
vingt-six vingt-sept vingt-huit vingt-neuf trente trente-et-un

32 33 34 35 36
trente-deux trente-trois trente-quatre trente-cinq trente-six

37 38 39 40 41
trente-sept trente-huit trente-neuf quarante quarante-et-un

42 43 44 45
quarante-deux quarante-trois quarante-quatre quarante-cinq

46 47 48 49
quarante-six quarante-sept quarante-huit quarante-neuf

50 51 52 53
cinquante cinquante-et-un cinquante-deux cinquante-trois

54 55 56 57
cinquante-quatre cinquante-cinq cinquante-six cinquante-sept

58 59 60 61
cinquante-huit cinquante-neuf soixante soixante-et-un

62 63 64 65
soixante-deux soixante-trois soixante-quatre soixante-cinq

66	67	68	69
soixante - six	soixante - sept	soixante - huit	soixante - neuf

70	71	72	73
soixante - dix	soixante - onze	soixante-douze	soixante-treize

74	75	76
soixante-quatorze	soixante-quinze	soixante-seize

77	78	79
soixante-dix-sept	soixante-dix-huit	soixante-dix-neuf

80	81	82
quatre-vingts	quatre-vingt-un	quatre-vingt-deux

83	84	85
quatre-vingt-trois	quatre-vingt-quatre	quatre-vingt-cinq

86	87	88
quatre-vingt-six	quatre-vingt-sept	quatre-vingt-huit

89	90	91
quatre-vingt-neuf	quatre-vingt-dix	quatre-vingt-onze

92	93	94
quatre-vingt-douze	quatre-vingt-treize	quatre-vingt-quatorze

95	96	97
quatre-vingt-quinze	quatre-vingt-seize	quatre-vingt-dix-sept

98	99	100
quatre-vingt-dix-huit	quatre-vingt-dix-neuf	cent

200	300	400	500	1000
deux cents	trois cents	quatre cents	cinq cents	mille

Ar-ro-soir. — Ar-ro-ser.

Ar-res-ta-ti-on.

Ar-bris-seaux.

Ac-cu-sé. — Ac-cu-sa-teur.

Ar-le-qui-na-de

A-nes.

Ar-ra-cher. — Ar ra-cheur.

A-vo-cat.

A vo-tre san-té.

At-ten-dre. — At-ten-du.

A-va-re.

A-ma-teur.

Ad-mi-rer.

A-ra-bes.

Af-fli-gé.

Al-chi-mis-te. — Al-chi-mie.

Ar-tis-te.

As-sem-blée.

Af-fai-ré. — Af-fai-res.

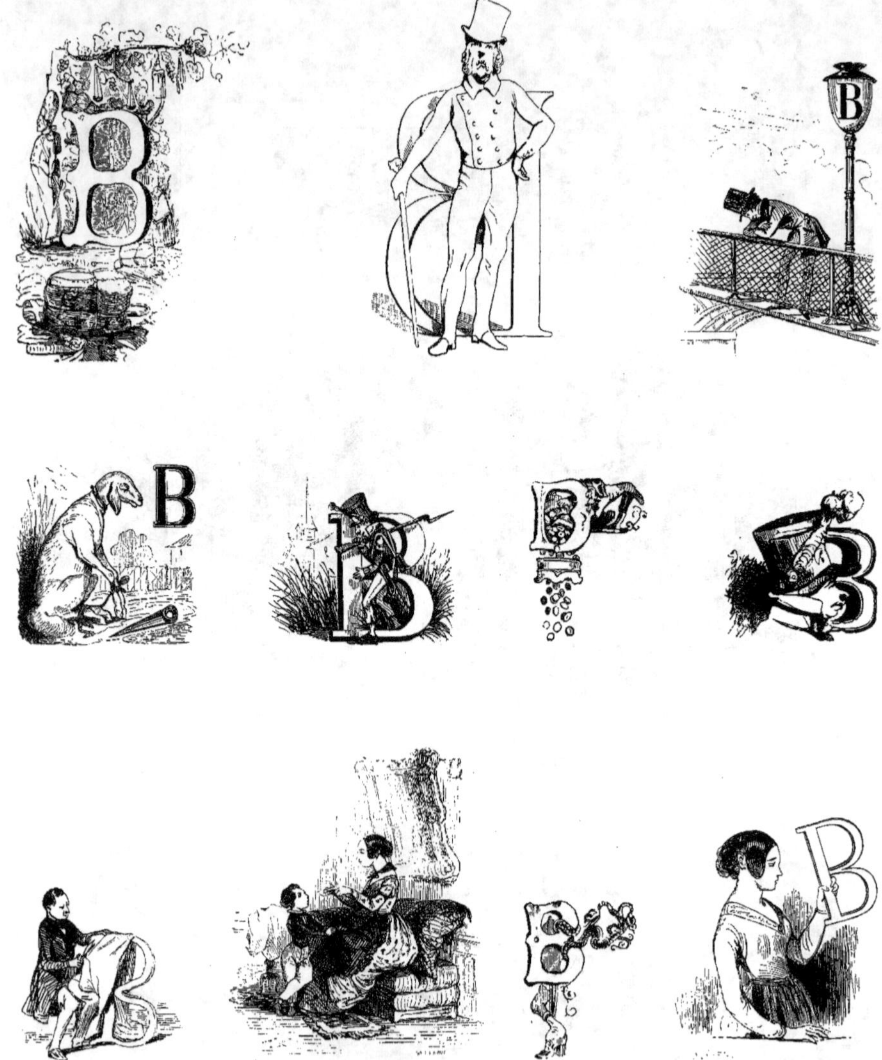

Ba-layeur.

Bo-a.

Bi-zet.

Bat-te-rie.

Bâ-ti-ment.

Bar-bouil-leur.

Bal-lon.

Bou-quin. — Bou-qui-nis-te.

Bâil-ler.

Ba-lai.

Ba-layer.

Bon-ne.

Bar-bier.

Bot-tier.

Bre-bis.

Ber-ceau.

Bon-bons.

J'AVAIS UN HERITAGE
QUE J'ENRAGE QUE J'ENRAGE QUE J'ENRAGE
AIR CONNU

Che-min de fer.

Cerf-vo-lant.

Cha-me au.

Ca-pu-cins de car-tes.

Co-chon-d'In-de.

Co-li-ma-çon.

Chauf-fer. — Che-mi-née.

Cui-si-nier.

Co-lon-ne. — Co-chers de Cou-cous. — Co-sa-que.

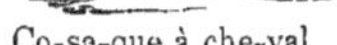

Co-sa-que à che-val.

Ca-li-ner. — Ca-li-ne-ries.

Coup de vent.

3

Dé-sor-dre.

Des-si-ner.

Da-me chi-noi-se.

Dé-gui-se-ment.

Do-mi-no.

Dé-crot-ter.

Dé-crot-teur.

Do-mes-ti-que.

Dé-cla-mer.

Duo.

Dé-jeu-ner.

Don-ner le mot d'or-dre.

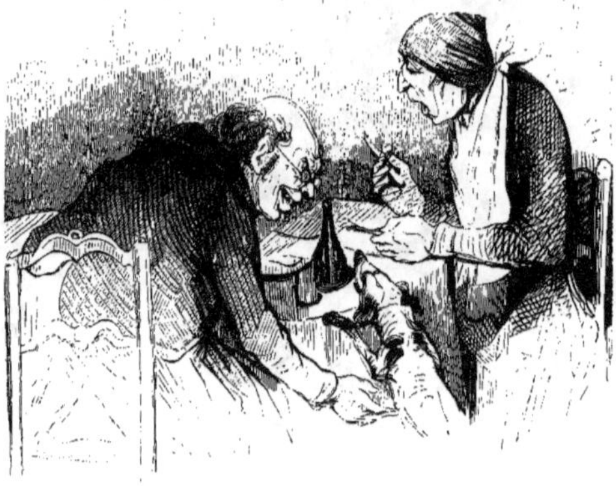

Di-ner.

Dan-se. — Dan seurs

Duel, — Duel-lis-tes.

De-man-der à boi-re.

Don Qui-chot-te.

É-lè-ve.

É-lé-phant.

É-cos-sais.

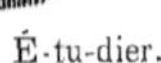

É-tu-dier.

En-fants.

En-nuyeux.

É-pi-cier.

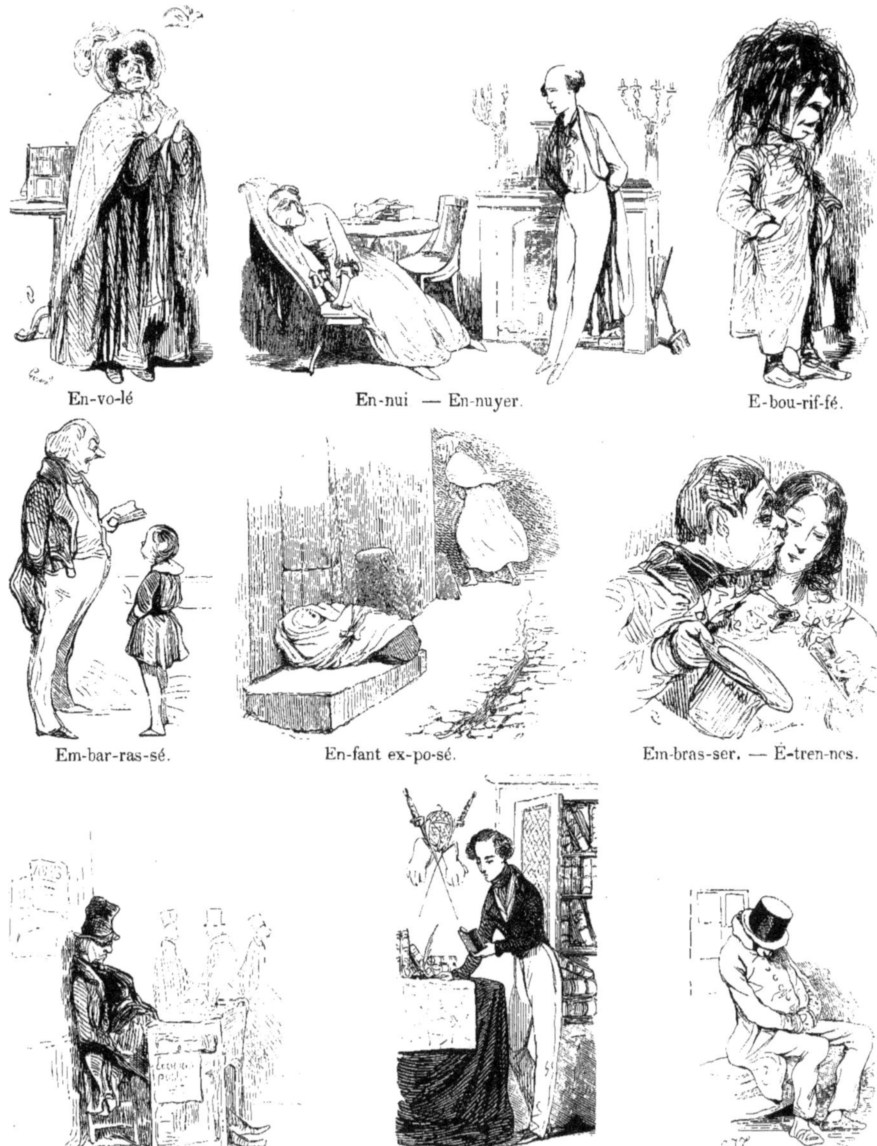

En-vo-lé

En-nui — En-nuyer.

E-bou-rif-fé.

Em-bar-ras-sé.

En-fant ex-po-sé.

Em-bras-ser. — É-tren-nes.

E-cri-vain pu-blic.

É-co-lier.

En-dor-mi.

Fac-teur.

Flâ-neur.

Fluxion.

For-ce des dents.

Fal-si-fi-ca-tion. — Fal-si-fi-ca-teur.

Froid. — Fri-leux.

Fu-nam-bu-les.

Fon-tai-ne.

Fai-néant.

Fem-me au-teur.

Fia-cre.

Fem-me for-te.

Fée.

Fe-nê-tre.

Fer-mer la por-tiè-re.

Fer-miè-re.

Gla-ce.

Ga-let-te.

Gros-se tê-te.

Gar-çon de ca-fé.

Gri-ma-ces.

Grand coup de pied.

Gros-se fem-me.

Gou-lu.

Go-be-mou-ches.

Gar-de na-tio-nal.

Gueux.

Gui-ta-re.

Gour-met.

Gra-vu-res.

Ha-bi-tants de la Bres-se.

Hor-ri-ble.

Han-ne-ton.

Ha-bits, ga-lons.

Hé-bé té.

Hi-ver.

I-vre-mort.

I-diot

I-vro-gne.

In-va-li-de.

I-vro-gne-rie.

I-vres-se.

Jean-Jean.

Jeû-ner.

Jour-nal.

Jean-not.

Jeu-ne da-me.

Jon-gleur.

Jou-te.

Jar-din.

Jeu-ne fil-le.

Je-ter sous u-ne por-te.

Joc-key.

Joueur.

Ju-ges. — Ju-geant.

Jeu de car-tes.

Jo-li traî-neau.

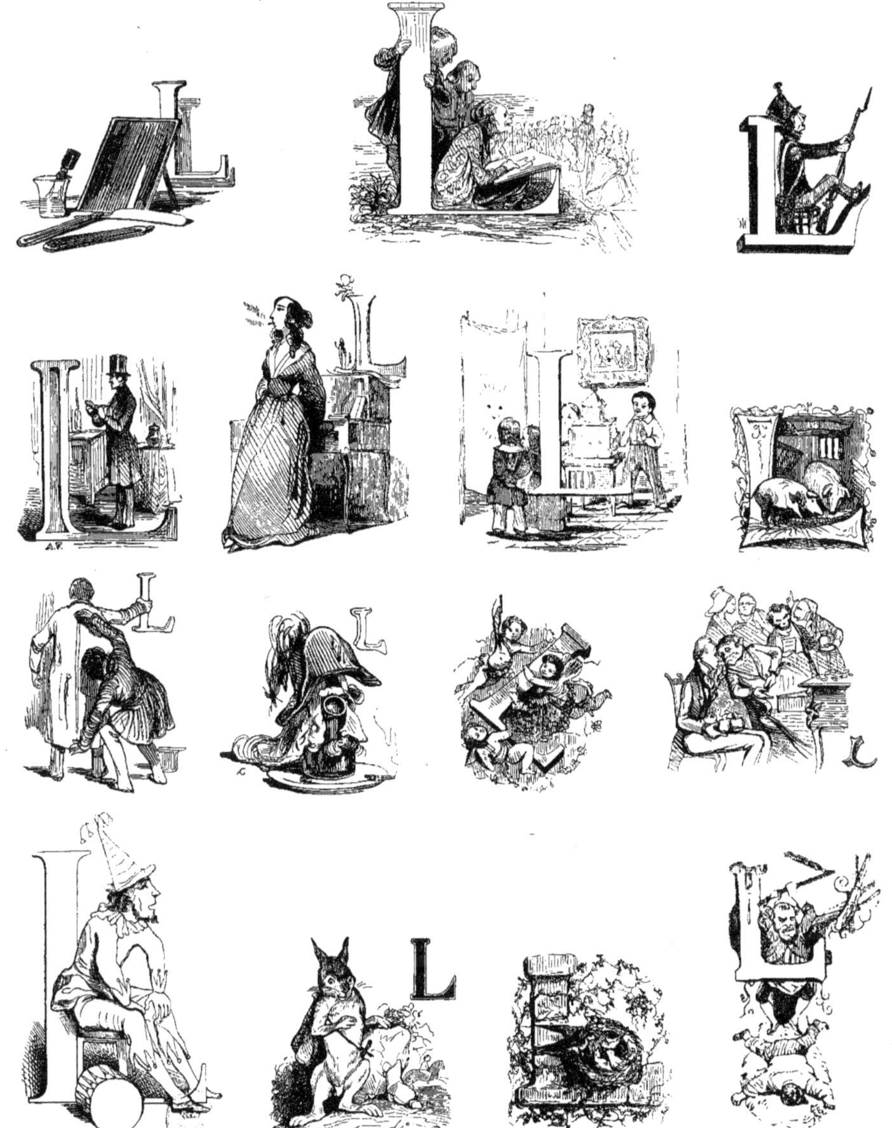

Liè-vre.

Lou-tre.

Le-vrier.

Long-Champs.

Lut-te.

Lin-ge. — Lin-gè-re. — Lin-ge-rie.

Laie.

Lu-net-tes.

Lan-gue.

La-quais.

Li-ber-té.

Lan-ter-ne ma-gi-que.

Lait. — Lai-tiè-re.

Li-vres.

Li-re.

Lec-tu-re.

Lit.

Lu-miè-re.

Lo-ge.

Mau-vais su-jet.

Mau-vais éco lier.

Mous-ta-ches.

Mois-son-neurs.

Ma-la-de.

Mi-roir.

Met-tre du vin en bou-teil-les.

Mai-gre re-pas.

Mar-mot.

Ma-gi-cien.

Men-dian-te.

Mé-ne-trier.

Ma-cai-re.

Mal-heu-reu-se.

Mau-vais mé-na-ge.

Me-lon.

Nym-phe.

Nou-veau-né.

Ni-gaud.

Na-po-léon.

Ni-que. — Nar-guer.

Nour-ri. — Nour-ri-tu-re.

Na-geurs.

Nain.

Na-vi-re.

Nez é-nor-mes.

Na-bots.

Nar-ra-tion

Nez.

Nou-vel-le.

Nour-ris-son.

Nez cas-sé.

Œufs.

O-bé-lis-que.

Om-brel-le.

O-li-brius.

O-pium.

Or-ches-tre.

Or-gue.

Ou-vrier.

Or-gueil-leux.

O-ra-ge.

O-thel-lo.

O-ra-teur.

Of-fran-de.

O f-fi-cier.

O-pé-ra.

Or-dres.

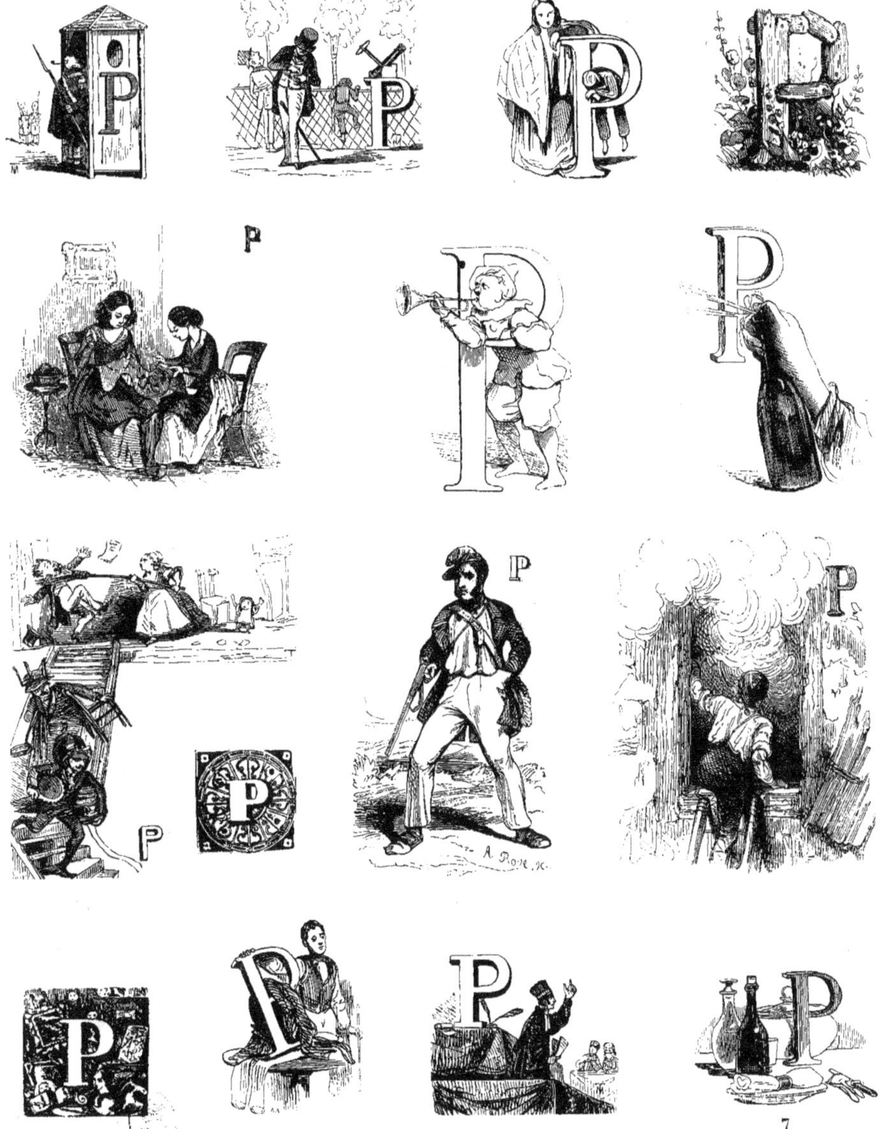

Pro-me-neurs.

Pri-son-nier.

Pa-le-tot.

Pro-vi-sions.

Par-tie de plai-sir.

Pa-ge.

Poê-le à fri-re.

Plu-me.

Priè-re.

Pail-las-se

Pois-sons.

Pê-cheur.

Pei-gne. — Pei-gnoir.

Por-tiè-re.

Pi-pe.

Pa-ra-de.

Pa-quet.

Pha-re du port.

Pleu-rer.

Pot au feu.

MAISON
DU GARDE

Quil-le de bâ-ti-ment.

Qui vi ve !

Que-rel-le.

Que-nouil-le.

Que c'est laid

Que vois-je !

Qu'il fait froid!

Qua-tre trou-piers.

Ré-pon-dre à ses ju-ges.

Re-gard.

Re pos.

Re-nard.

Ri-re. — Rieur.

Re-nom-mée.

Ré-bar-ba-tif.

Rui-nes.

Rif-flard.

Ré-veil-lés.

Rhi-no-cé-ros.

Ré-flé-chir.

Ré-veil.

Ré-joui.

Sa-lut.

Sal-le des Pas-Per-dus.

Souf-fler.

Sif-fler

Sif-fleurs.

Sa-tis-fac-tion

Sa-bots.

Sta-tuet-tes.

Suis-se.

Sa-ve tier

Sa-lons.

Sau-ter.

Se-rins. — Se-ri-net-te

So-cié-té.

Sta-tuet-tes.

Suis-se.

Sa-ve tier

Sa-lons.

Sau-ter.

Se-rins. — Se-ri-net-te

So-cié-té.

Té-lé-gra-phe.

Théâ-tre.

Tra-vail-ler.

Tau-pe.

Ti-gre.

Tris-tes-se.

Til-bu-ry.

Ta-bac.

Tra-gi-que.

Traî-ner.

Tom-ber.

Tré-bu-cher.

Té-moi-gner sa joie.

Tail-leur.

Ta-per

Tam-bour.

Trai-teur.

Trom-per.

Turc.

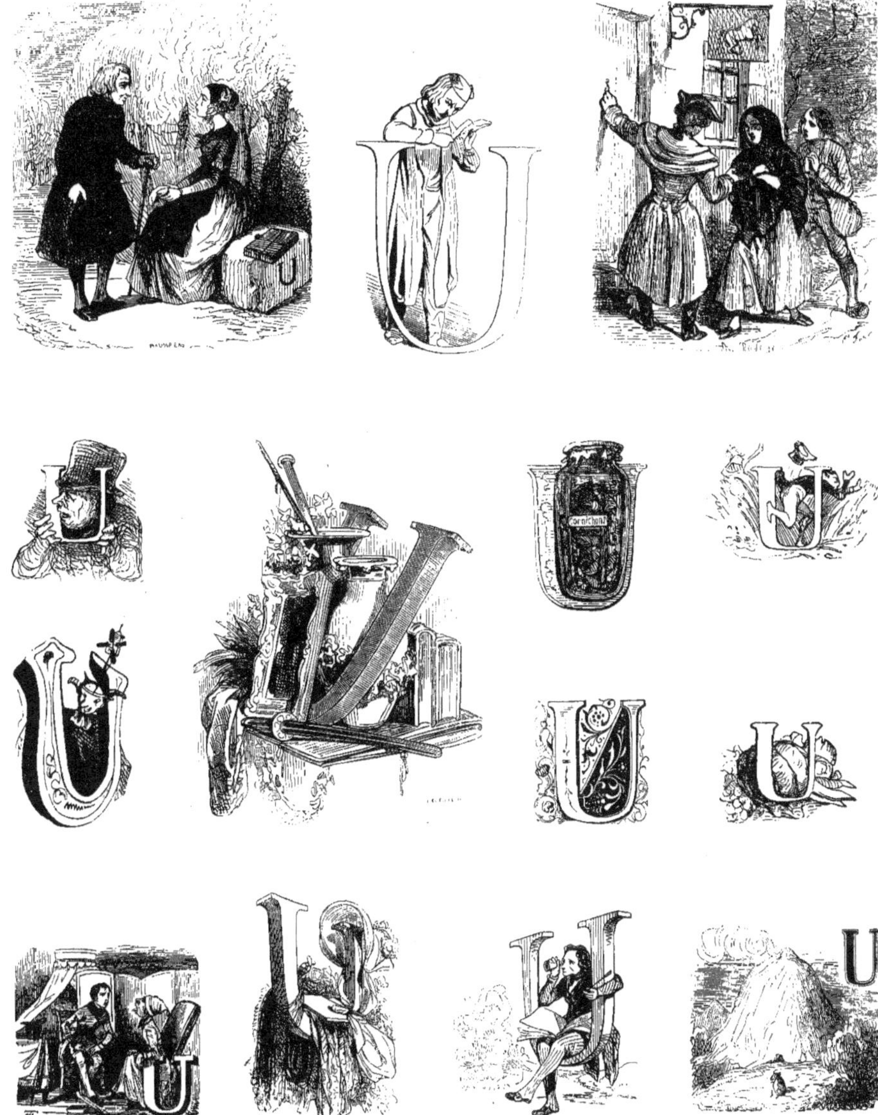

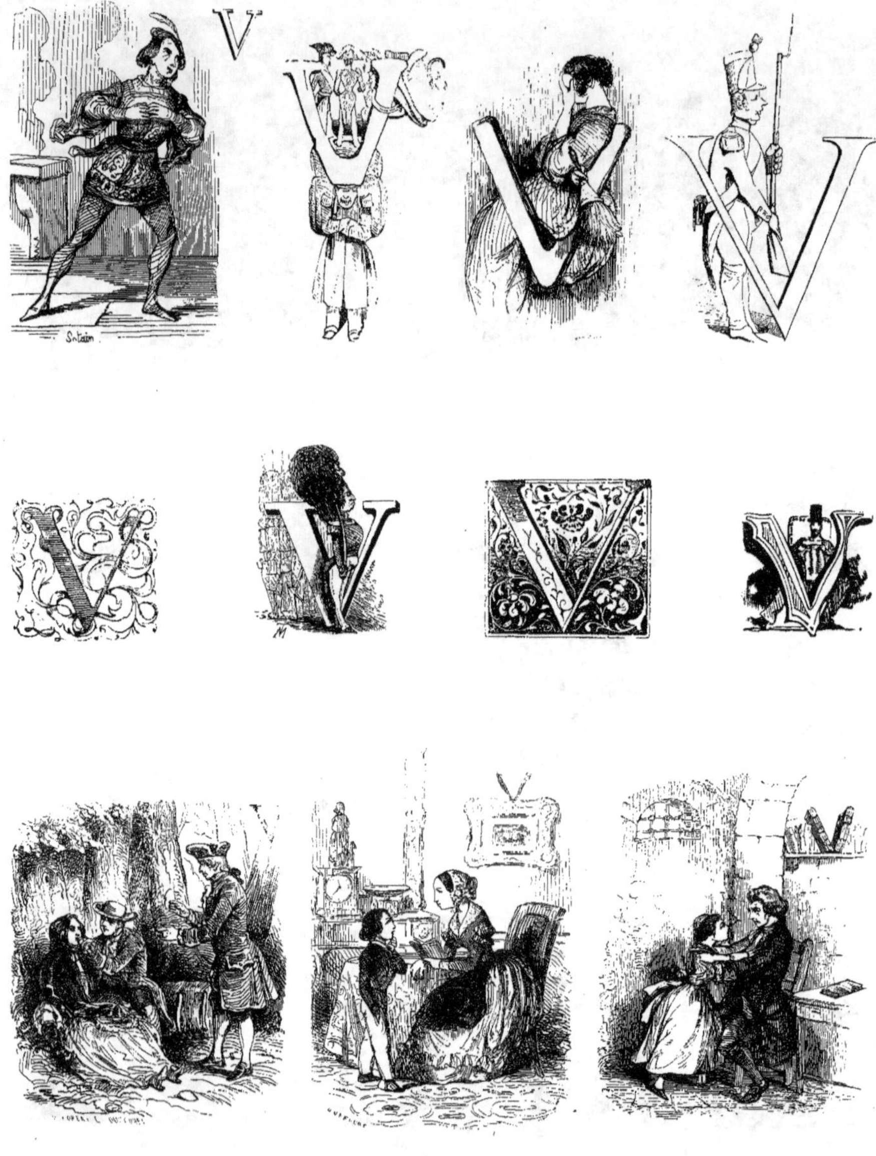

Voir des oi-seaux.

Voya-geur.

Var-let.

Ver-ser un pot.

Voya-ge.

Vio-lent mal de dents.

Vil-la-ge.

Voi-tu-re.

Vieil ha-bit.

Vo-leurs.

Va-ga-bond.

Vil-la-geois.

Vieil-lard.

Vo-ca-li-sa-tion.

Vil-le.

Va-se.

Voi-tu-re d'en-fant.

Ven-tru.

Vil-la-geoi-ses.

Vau-rien

Vio-lon.

Vir-tuo-se.

Val-se.

Va-peur.

Vé-hé-ment

Vi-lai-nes tê-tes

La gar-de-ma-la-de
est pres-que tou-jours
u-ne vieil-le fem-me.

L'ap-pren-ti im-pri-
meur est un grand a-ma-
teur du jeu de bou-chon.

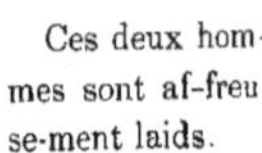

Ces deux hom-
mes sont af-freu-
se-ment laids.

Voi-ci deux en-
fants bien com-
muns et bien mal
vê-tus.

Gar-de na-
tio-nal en lu-net-
tes et en bon-net
de soie noi-re.

Les gar-des
na-tio-naux de
la cam-pa-gne
n'ont pas l'air
bien mi-li-tai-re.

Un ma-la-
de qui va pren-
dre sa mé-de-
ci-ne.

Le mar-chand
de mort aux rats.

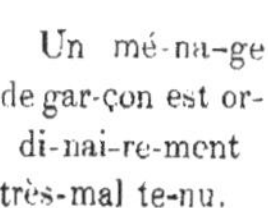

Un mé-na-ge
de gar-çon est or-
di-nai-re-ment
très-mal te-nu.

Ce jeu-ne gar-çon
a l'air d'un pe-tit
mau-vais su-jet.

La ro-be de cham-
bre est un vê-te-ment
com-mo-de, mais fort
peu gra-cieux.

Mau-vais ac-
teur de pro-vin-ce
jouant le mé-lo-
dra-me.

Un nez bour-geon-
né qui at-ti-re les
mou-ches pen-dant le
som-meil.

Mon vieux do-mes-
ti-que m'ap-por-te mes
bot-testouslesma-tins.

Plai-gnons les
mal-heu-reux
in-fir-mes et se-
cou-rons-les.

C'est par dé-ri-
sion qu'on ap-pel-le
gâ-te-sau-ces les jeu-
nes ap-pren-tis pâ-
tis-siers.

Un ama-teur
d'an-ti-qui-tés
est plus heu-
reux qu'un roi
quand il a dé-
cou-vert un ob-
jet vieux de
quel-ques cen-
tai-nes d'an-
nées.

Le ma-ri
et la fem-me
vont se pro-
me-ner par
un beau so-
leil, un jour
d'hi-ver.

Sur les quais et sur les ponts, l'on rencontre des femmes qui font cuire des saucisses et qui les vendent aux ouvriers.

Ce malheureux cuisinier paraît très-contrarié; je crois que son ragoût brûle, car il verse de l'eau dans la casserole.

A Montmorency l'on voit beaucoup de mauvais cavaliers sur de très-mauvaises montures.

La statue de Napoléon est placée sur le haut de la colonne Vendôme.

Quand un gourmand a bien dîné, il s'endort comme un boa qui vient d'avaler sa proie.

Le duel est défendu par la loi, et les duellistes sont punis.

Vaisseau attaqué par des sauvages, il fait feu contre les pirogues qui l'entourent.

Napoléon pendant la bataille examinant avec une lorgnette la marche de ses troupes.

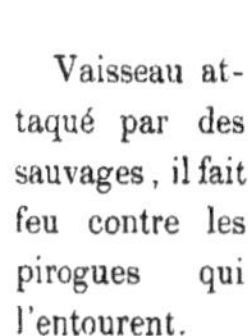

Cette dame est suivie d'un grand laquais qu'on nomme un chasseur je ne sais vraiment pas pourquoi.

Ce monsieur paraît avoir beaucoup de peine à faire entrer sa main dans son gant.

Aimez - vous le bruit de la grosse caisse? — Non, il me brise le tympan; je le déteste. — Et moi aussi.

Les boîtes à surprise sont des joujoux fort amusants pour les petits enfants.

Ma femme de ménage m'a acheté des légumes au marché, je crois qu'elle a fait un peu danser l'anse du panier.

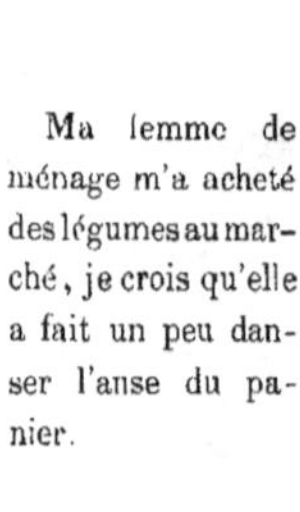

Les anciens chevaliers portaient une cuirasse, un casque, des brassards, et d'autres armures en fer. Ils étaient armés d'une grande lance.

Voici un pauvre enfant qui mange de fort bon appétit. Il a l'air d'un jeune ouvrier.

Cet homme est un marchand de chaînes de montres. — L'acheteur me semble un provincial qui va se laisser duper.

Ce monsieur paraît enchanté de son costume. — Il est en toilette de soirée, et il a pris son manteau pour se garantir du froid de la nuit.

On nomme *canards* ces papiers que l'on crie dans les rues et qui ne donnent presque jamais que des nouvelles vieilles et rebattues.

Le garde-chasse est le gardien des propriétés du village : c'est presque toujours un ancien militaire retiré du service. Ce sont en général de très-braves gens.

Assurément le monsieur représenté ici n'est pas un millionnaire, ni un capitaliste, ni un agent de change : c'est un pauvre diable qui ne mange pas tous les jours.

Les marchands de comestibles donnent beaucoup d'envie et de regrets aux pauvres gens qui ne peuvent acheter les bonnes choses qu'ils voient étalées.

Venez, venez, Messieurs et Mesdames, voir la grande ménagerie parisienne! vous y trouverez le lion des boulevards, la mouche de la préfecture de police, la panthère de l'Opéra, et une foule d'autres animaux peu rares, mais très-curieux ..

Les chanteurs et musiciens de salon font souvent beaucoup de grimaces et prennent des airs importants qui les rendent ridicules.

Une bonne vieille qui joue avec un enfant et le fait sauter.

Silène, personnage de l'antiquité ; on le représente monté sur un âne.

De belles dames habillées et parées pour le bal se disposent à partir, l'une d'elles tient un beau bouquet.

Voici un pauvre soldat en congé qui chemine sur la grande route, il parait triste et fatigué.

Un visiteur trop matinal a fait lever la personne qu'il venait voir, il s'excuse d'être venu sitôt.

Le marchand de porcs brutalise le pauvre animal qu'il va vendre au marché et qui ne se doute pas du sort qui l'attend.

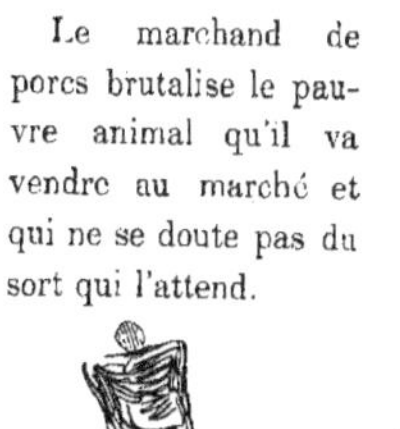

Les pauvres diables de soldats qui attendent la soupe sont très-impatients, et grondent fort après leurs camarades chargés de la cuisine lorsque ceux-ci sont en retard.

Mais les soldats-cuisiniers qui ont mangé leur soupe ne sont pas très-pressés de faire dîner leurs camarades, aussi ne se hâtent-ils pas beaucoup.

L'on distribue de temps en temps des prix et des récompenses aux enfants bien sages pour les encourager à persévérer dans leur bonne conduite. Soyez, mes petits amis, toujours sages et laborieux.

Je plains cette malheureuse famille, elle est plongée dans la misère et le désespoir : la mère et son jeune enfant sont malades, la jeune fille s'est endormie en caressant son pauvre petit frère, la mère joint les mains et implore la Providence.

Je serais bien surpris si ce petit garçon n'était pas un grand paresseux et un assez mauvais sujet, sa figure ne me plaît pas et il a l'air d'un galopin.

Les marchands de chevaux ont des ruses de toutes sortes pour donner de la tournure aux plus vilaines bêtes et pour faire trotter et galoper les plus pitoyables rosses ; ici nous voyons un cheval de cette dernière espèce qu'un jeune amateur semble trouver assez vigoureux et assez robuste.

Il y a des enfants qui, voyant passer une personne infirme ou contrefaite, rient ou se moquent d'elle ; c'est mal, très-mal ; c'est d'un mauvais cœur, et cela n'appartient d'ailleurs qu'aux enfants mal élevés ; l'enfant qui reçoit une bonne éducation et de bons exemples dans sa famille, ne doit jamais se moquer du malheur : et c'est un grand malheur d'être infirme ou contrefait.

Les restaurateurs du quartier des écoles de droit et de médecine donnent du pain à discrétion aux consommateurs. Il en résulte que beaucoup d'élèves, qui ont peu d'argent et infiniment d'appétit, prennent du pain en grande quantité, en mettent même dans leurs poches, et ne font qu'une très-faible dépense chez le malheureux restaurateur.

Gavarni a fait une très-curieuse et très-plaisante série de dessins comiques représentant les sottises, les indiscrétions, les bavardages, en un mot les fautes de différente nature commises par les enfants qui parlent trop. Cette piquante galerie se nomme les *Enfants terribles*. Nous l'avons vue chez Aubert, l'éditeur de la place de la Bourse.

Voici une femme vieille et laide qui se croit sans doute jeune et jolie, car elle s'est habillée en grand costume de bal, avec des guirlandes de fleurs à sa robe et un bouquet dans ses cheveux ; elle n'en est pas plus belle pour cela, et les danseurs ne viennent pas l'inviter ; ce dont elle paraît surprise, mécontente, et peut-être même indignée.

Plaignons-la de n'être pas plus raisonnable.

Tâchons toujours de ne pas fatiguer les gens par notre bavardage, et sachons finir un discours quand il n'intéresse pas ceux qui nous écoutent. Pour cela ne faisons pas comme ces ennuyeux qui vous arrêtent dans la rue pour vous parler de leurs propres affaires, — qui vous saisissent par un bouton de votre habit, et ne vous lâchent pas qu'ils n'aient fini leurs longues histoires, ne tenant compte ni de l'impatience qu'ils vous causent, ni du temps qui s'écoule, ni de l'air, ni de la pluie, du froid ou du soleil auxquels ils vous tiennent exposés. On nomme ces gens-là des *fâcheux*.

Ces pauvres gens que vous voyez dans les cours des maisons, dans les rues et sur les promenades publiques, jouer de l'orgue de Barbarie ou bien de ces orgues suisses sur lesquelles on voit danser et valser des petits personnages; — ces pauvres gens, disons-nous, sont presque tous des paysans des frontières de la Savoie, qui se répandent dans les villes de France pour gagner quelque argent et le reporter ensuite à leurs femmes, à leurs enfants ou à leurs parents, qui restent au pays et sont bien misérables.

Cette dame veut aller au bal, elle se fait coiffer, et vous voyez le coiffeur essayer la chaleur de son fer sur un morceau de papier. — Une femme de chambre examine les bas de soie que va mettre madame, et apprête les souliers de satin. — Le mari, qui, par parenthèse, n'est pas beau, dit son goût sur la robe que madame se propose de mettre. — Madame paraît indécise, et chacun a l'air d'attendre qu'elle ait manifesté sa volonté.

Les vieux soldats aiment en général les petits enfants, ils jouent avec eux volontiers et s'en font aimer facilement. C'est que les anciens militaires ont bon cœur. En voici un : c'est un invalide auquel une petite fille a pris son chapeau, dont elle s'est affublée. Le chapeau est trop grand, et il tombe sur les épaules de l'enfant. Le bon invalide sourit.

Un jeu qui amuse beaucoup les enfants, c'est celui des bulles de savon. On prend de l'eau dans une tasse, on y fait fondre un petit morceau de savon; ensuite on prend une goutte de cette eau savonneuse à l'extrémité d'un petit tube ou d'un morceau de paille; on souffle à l'autre bout : la goutte d'eau se remplit d'air et forme une bulle légère qui s'élève et finit par crever.

Mes enfants, vous avez le bonheur de ne pas connaître encore le supplice des bottes. Plus tard, quand vous serez grands, quand vous serez des hommes et non plus des enfants, vous verrez combien cette affreuse chaussure fait mal aux pieds. — Est-elle trop large, elle frotte vos doigts de pieds et vous fait venir des cors; est-elle trop étroite, c'est bien pis, elle vous serre comme dans un étau, vous engourdit toute la jambe, vous meurtrit et vous déchire.

Une autre douleur que vous connaîtrez aussi plus tard, c'est le supplice de la barbe : un barbier malpropre promènera sa main sur votre visage; vous sentirez ses doigts imprégnés de pommade effleurer vos lèvres; s'il est mal adroit, — et beaucoup sont maladroits, — il vous raclera, vous écorchera, vous coupera, et vous ne sortirez de ses mains que tout ensanglanté.

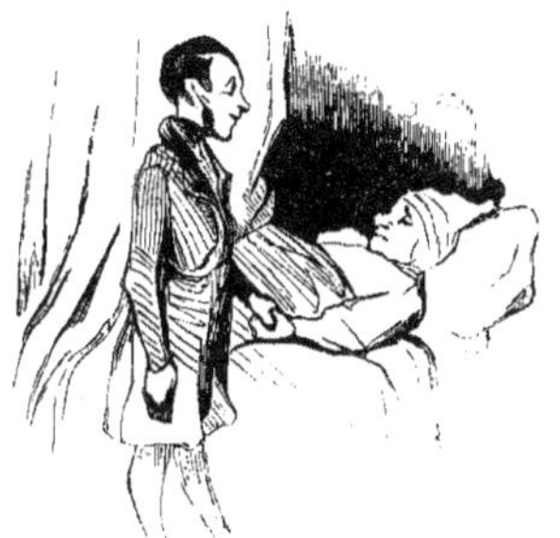

Voici un jeune médecin auprès d'un vieux malade. C'est une belle science que celle de la médecine; elle est basée sur l'observation des effets produits sur le corps humain non-seulement par les maladies, mais encore par les passions, les habitudes et le genre de vie de chaque individu. Pour être bon médecin, il faut donc être à la fois homme de science et observateur.

Cet homme en pantalon collant est occupé à brosser son habit, qu'il a l'air de considérer avec beaucoup d'attention. C'est probablement un de ces hommes si communs dans les grandes villes, qui veulent paraître plus riches qu'ils ne sont en réalité, et qui, pour cela, apportent à leur toilette un soin tout particulier. Ils se montrent en public richement vêtus, et ils affectent de parler de leurs domestiques, de leur maison, de leur voiture. — En réalité, ils n'ont d'autre valet qu'eux-mêmes, d'autre maison qu'un grenier, d'autres voitures que les omnibus. C'est une variété de pauvres honteux.

L'exposition de peinture est le rendez-vous de tous les amateurs d'art, de tous les peintres, de tous les flâneurs, de tous les étrangers; mais aussi c'est le rendez-vous des filous qui viennent explorer les poches des spectateurs. Tous les ans la police fait à l'exposition de bonnes et nombreuses captures. C'est principalement devant les tableaux qui ont le privilége d'attirer la foule, ceux devant lesquels on se presse, que les filous sont le plus empressés. Grâce à l'encombrement, ils fouillent à leur aise les poches qu'ils croient les mieux garnies.

Il y a des gens qui ne savent jamais comprendre qu'ils sont importuns : ils font des visites le matin de trop bonne heure, le soir trop tard , ou bien aux heures des repas ; ils prolongent leurs visites au delà du temps raisonnable, et semblent attendre qu'on les mette à la porte : ils ne savent pas prendre congé des gens et les fatiguent.

C'est une espèce fort ennuyeuse, car on ne peut s'en débarrasser que par une impolitesse évidente.

C'est une grande imprudence de monter un cheval qu'on ne connaît pas , surtout quand on n'est pas un excellent cavalier. Le pauvre monsieur que vous voyez dans une situation très-critique a commis cette faute grave ; et il y a beaucoup à parier qu'il s'en repentira, si toutefois il ne se rompt pas le cou. Le cheval s'est emporté , soit parce qu'il a pris le mors aux dents, soit parce qu'il a reconnu qu'il avait affaire à un mauvais cavalier. Car, il faut bien que vous le sachiez , les chevaux sentent fort bien à qui ils ont affaire ; et autant ils sont dociles à la main habile qui sait les conduire , autant ils sont désobéissants à celle qui manque de force et d'expérience.

L'éléphant est l'animal le plus fort et le plus gros de ceux de notre temps. Autrefois — dans les temps les plus reculés — il existait des animaux beaucoup plus gros encore, mais leur race a disparu, et nous ne connaissons leur existence passée que par des ossements qu'on trouve ensevelis dans la terre.

Mon portier, ce vieux bonhomme que vous voyez là s'emparer d'une bûche monstre, suivant le privilége que s'arrogent les portiers de Paris, qui prélèvent la dîme sur toutes les provisions de bois faites par les locataires, mon portier, dis-je, a une fille qui se destine à jouer la tragédie et qui répète tout le jour les rôles de mademoiselle Rachel. — Je doute fort qu'elle obtienne le succès qu'elle espère.

Le garçon épicier du coin doit épouser notre bonne d'enfant. C'est un mariage très-bien assorti ; la bonne est grande, grosse et laide ; l'épicier est petit, mince et laid. La bonne est une paysanne très-peu intelligente, le garçon épicier est un citadin fort peu développé. Aussi tout le monde trouve-t-il que ces gens sont faits l'un pour l'autre. La noce va être magnifique : elle se composera du portier, de la portière, du garçon boucher, du garçon boulanger, du porteur d'eau, de la laitière et de tous les domestiques mâles et femelles de la maison. Le repas se fera à la barrière du Maine, et il y aura bal toute la nuit.

Nous possédons deux sortes de gardes nationaux : les gardes nationaux à pied et les gardes nationaux à cheval. Tous les récalcitrants, tous ceux qui ne sont dans la garde nationale qu'à contre-cœur font partie de la garde à pied ; la garde à cheval est au contraire composée de tous les amateurs d'uniforme, de tous les jolis hommes à qui le costume guerrier va très-bien, enfin des plus zélés parmi les soldats-citoyens.

Je n'aime pas la pêche à la ligne, mais j'aime beaucoup les pêcheurs qui trouvent du plaisir à ce monotone passe-temps; ce sont des hommes tranquilles, exempts de passions fougueuses, peu ambitieux, patients et désintéressés. Il faut en effet beaucoup de patience et de résignation pour attendre pendant des heures entières qu'un méchant petit goujon vienne mordre le vermisseau accroché à la ligne. — Il faut peu d'ambition pour se contenter d'une maigre friture après une journée passée au soleil, au froid, à la pluie. — Il faut une conscience bien pure et un sang bien peu bouillant, pour rester des heures, des jours, immobile au bord d'une rivière, regardant couler l'eau et flotter le bouchon attaché à un fil...

La bonne figure que fait un gourmand quand il avale des huîtres d'Ostende, bien fraîches, bien humides !... Comme il est heureux !... C'est cependant un bonheur bien passager, acheté souvent par une indisposition. Aussi, mes enfants, il ne faut pas se livrer avec passion au plaisir de la table; il faut manger suffisamment sans doute, mais sans gourmandise, car cette passion augmente souvent avec l'âge, et elle a pour effet d'alourdir l'intelligence et de faire contracter de graves maladies.

Voici de bonnes gens qui sont très-attentifs à la pièce qu'on joue : rien ne pourrait les distraire, ni le bruit qui se fait dans la salle, ni la conversation de leurs voisins; ils sont venus pour voir le spectacle, et ils ne perdront ni un mot ni un geste des acteurs. Ce sont de bons petits bourgeois, de petits rentiers, qui ne se donnent pas souvent le plaisir d'aller au théâtre; mais quand ils font tant que d'y aller, ils en prennent pour leur argent.

Il n'y a certainement pas de mal à cela, et ce serait dommage de les troubler dans leur tranquille plaisir.

Avez-vous vu, sur les boulevards et dans les Champs-Élysées, ces hommes qui vendent des tablettes de savon pour enlever les taches? Lorsqu'ils peuvent mettre la main sur un passant qui ne se méfie pas de leurs intentions, ils se hâtent de savonner son habit ou son chapeau, de façon que le malheureux ne peut plus s'en aller avant que l'opération soit complète. Et cette opération, le marchand de tablettes la fait durer le plus long-temps possible pour retenir les spectateurs. Il savonne, mouille et brosse l'habit ou le chapeau du patient, tout en s'écriant : *Vous avez vu, messieurs, comme l'habit de ce monsieur était malpropre et taché, vous allez voir comme il va être net et brillant.* En effet, le vêtement mouillé devient brillant comme du vernis, ce qui n'est pas fort agréable au passant.

Je vais ce soir dans un salon, où doit chanter une dame qui se destine au théâtre; elle sera accompagnée sur la guitare par son mari, qui se prétend grand musicien : j'ai bien peur que mes fameux amateurs ne soient autre chose que de fameuses ganaches. S'il en est ainsi, je les planterai là, et me hâterai de venir me coucher.

Le plaideur veut toujours expliquer, dire, redire et répéter encore son affaire à l'avocat; il croit toujours que l'avocat ne la comprend pas bien — L'avocat, de son côté, n'écoute jamais le plaideur, car il croit toujours connaître l'affaire au premier mot.

Voulez-vous connaître l'ordre d'une maîtresse de maison? regardez la cuisine : si elle est bien tenue. la maîtresse de maison est une femme propre et soigneuse; si la cuisine est sale, en désordre, c'est la faute sans doute de la cuisinière, mais c'est aussi la faute de la maîtresse; car si elle avait de l'ordre, elle renverrait la servante qui en manque.

Rarement les portières et les bonnes de la même maison sont d'accord ; les unes se plaignent des autres ; toutes s'accusent de bavardages, de mensonges, d'impolitesse, de manque de complaisance, de malpropreté, d'indiscrétion et de quelques autres défauts encore. Cependant, par moments, elles sont les meilleures amies du monde, mais cela ne dure pas.

Cet homme est un maquignon, monté sur un de ses plus beaux chevaux qu'il fait piaffer comme un cheval de dix mille francs, et qu'il ferait même caracoler si la pauvre bête pouvait se livrer à cet exercice.

L'écrivain public est un malheureux vivant dans une échoppe, et même quelquefois en plein air, et écrivant, pour une très-modique petite somme, les lettres, demandes et placets des cuisinières, des porteurs d'eau et des autres gens qui ne savent pas écrire.

L'écrivain public est ordinairement un ancien petit clerc d'huissier, un ancien maître d'école de village ; en général, c'est un homme fort peu instruit, mais c'est toujours un pauvre diable.

Il est partout, mais principalement à Paris, des états dans lesquels peuvent sans doute se trouver des honnêtes gens, mais dans lesquels on ne rencontrera jamais un homme de quelque instruction et d'un esprit un peu cultivé. En effet, quel est l'homme pouvant faire autre chose qui consentirait à se montrer en public, affublé d'un costume ridicule et se livrant à des exercices de saltimbanque! — ou bien, quel est celui qui choisirait le métier de récureur d'égouts? Ces professions ne sont jamais exercées que par de pauvres malheureux incapables de faire toute autre chose.

FABLES.

La Cigale et la Fourmi.

La cigale ayant chanté
  Tout l'été,
Se trouva fort dépourvue (1)
Quand la bise (2) fut venue :
Pas un seul petit morceau
De mouche ou de vermisseau !
Elle alla crier famine
Chez la fourmi sa voisine,
La priant de lui prêter
Quelque grain pour subsister
Jusqu'à la saison nouvelle :
Je vous paîrai, lui dit-elle,
Avant l'oût (3), foi d'animal,
Intérêt et principal (4).
La fourmi n'est pas prêteuse,
C'est là son moindre défaut :
Que faisiez-vous au temps chaud ?
Dit-elle à cette emprunteuse. —

(1) Manquait de nourriture.
(2) Le vent du nord, pour désigner l'hiver.
(3) Août.
(4) Le capital et l'intérêt.

Nuit et jour à tout venant (5)
Je chantais, ne vous déplaise. —

Vous chantiez ! j'en suis fort aise.
Hé bien ! dansez maintenant.

(5) Sans cesse.

Le Loup et l'Agneau.

La raison du plus fort est toujours la meilleure.
Nous l'allons montrer tout à l'heure.

Un agneau se désaltérait
Dans le courant d'une onde pure.
Un loup survient à jeun, qui cherchait aventure,
Et que la faim en ces lieux attirait.
Qui te rend si hardi de troubler mon breuvage ?
Dit cet animal plein de rage :
Tu seras châtié de ta témérité.
Sire, répond l'agneau, que votre majesté
Ne se mette pas en colère :
Mais plutôt qu'elle considère
Que je me vas désaltérant
Dans le courant,
Plus de vingt pas au-dessous d'elle :
Et que, par conséquent, en aucune façon,
Je ne puis troubler sa boisson.
Tu la troubles ! reprit cette bête cruelle :
Et je sais que de moi tu médis l'an passé.
Comment l'aurais-je fait si je n'étais pas né ?
Reprit l'agneau ; je tette encor ma mère. —
Si ce n'est toi, c'est donc ton frère. —
Je n'en ai point. — C'est donc quelqu'un des tiens ;
Car vous ne m'épargnez guère,
Vous, vos bergers, et vos chiens.
On me l'a dit : il faut que je me venge.
Là-dessus au fond des forêts
Le loup l'emporte et puis le mange,
Sans autre forme de procès.

Le Loup, la Mère et l'Enfant.

Ce loup me remet en mémoire
Un de ses compagnons qui fut encor mieux pris :
Il y périt. Voici l'histoire :

Un villageois avait à l'écart son logis.
Messer loup attendait chape-chute (1) à la porte :
Il avait vu sortir gibier de toute sorte,
Veaux de lait, agneaux et brebis,
Régiment de dindons, enfin bonne provende (2).
Le larron commençait pourtant à s'ennuyer.
Il entend un enfant crier.
La mère aussitôt le gourmande,
Le menace, s'il ne se tait,
De le donner au loup. L'animal se tient prêt,

Remerciant les dieux d'une telle aventure :
Quand la mère apaisant sa chère géniture (3),
Lui dit : Ne criez point ; s'il vient, nous le tuerons.
Qu'est-ce ci ! s'écria le mangeur de moutons :
Dire d'un, puis d'un autre ! Est-ce ainsi que l'on traite
Les gens faits comme moi ? me prend-on pour un sot ?
Que quelque jour ce beau marmot
Vienne au bois cueillir la noisette....
Comme il disait ces mots, on sort de la maison :
Un chien de cour l'arrête ; épieux et fourches-fières
L'ajustent de toutes manières.
Que veniez-vous chercher en ce lieu ? lui dit-on.
Aussitôt il conta l'affaire.
Merci de moi ! lui dit la mère,

(1) Quelque bonne aventure.
(2) Provision de vivres.

(3) Enfant.

Tu mangeras mon fils! L'ai-je fait à dessein
   Qu'il assouvisse un jour ta faim?
   On assomma la pauvre bête.
Un manant lui coupa le pied droit et la tête ;

Le seigneur du village à sa porte les mit ;
Et ce dicton picard alentour fut écrit :
  « Biaux chires leups, n'écoutez mie
  » Mère tenchent chen fieux qui crie. »

Le Corbeau et le Renard.

MAITRE corbeau, sur un arbre perché,
   Tenait en son bec un fromage.
Maître renard, par l'odeur alléché (1),
   Lui tint à peu près ce langage :
   Hé ! bonjour, monsieur du corbeau !
Que vous êtes joli, que vous me semblez beau !
   Sans mentir, si votre ramage
   Se rapporte à votre plumage,
Vous êtes le phénix (2) des hôtes de ces bois.

A ces mots le corbeau ne se sent pas de joie ;
   Et, pour montrer sa belle voix,
Il ouvre un large bec, laisse tomber sa proie.
Le renard s'en saisit, et dit : Mon bon monsieur,
   Apprenez que tout flatteur
  Vit aux dépens de celui qui l'écoute :
Cette leçon vaut bien un fromage, sans doute ?
   Le corbeau, honteux et confus,
Jura, mais un peu tard, qu'on ne l'y prendrait plus.

(1) Attiré. — (2) Oiseau fabuleux, qui renaissait de ses cendres. *Être le phénix*, s'emploie proverbialement pour dire *être le premier*.

L'Huître et les Plaideurs.

Un jour deux pèlerins sur le sable rencontrent
Une huître que le flot y venait d'apporter :
Ils l'avalent des yeux, du doigt ils se la montrent ;
A l'égard de la dent il fallut contester.
L'un se baissait déjà pour amasser la proie (1) ;
L'autre le pousse, et dit : Il est bon de savoir
     Qui de nous en aura la joie.
Celui qui le premier a pu l'apercevoir
En sera le gobeur ; l'autre le verra faire.
     Si par là on juge l'affaire,

(1) Pour ramasser.

Reprit son compagnon, j'ai l'œil bon, Dieu merci.
     Je ne l'ai pas mauvais aussi,
Dit l'autre ; et je l'ai vue avant vous, sur ma vie.
Eh bien ! vous l'avez vue ; et moi je l'ai sentie.
     Pendant tout ce bel incident,
     Perrin Dandin arrive : ils le prennent pour juge.
Perrin, fort gravement, ouvre l'huître et la gruge,
     Nos deux messieurs le regardant.
Ce repas fait, il dit, d'un ton de président :
Tenez, la cour vous donne à chacun une écaille
Sans dépens ; et qu'en paix chacun chez soi s'en aille.

Mettez ce qu'il en coûte à plaider aujourd'hui ;
Comptez ce qu'il en reste à beaucoup de familles :

Vous verrez que Perrin tire l'argent à lui,
Et ne laisse aux plaideurs que le sac et les quilles (1).

(1) C'est-à-dire, *ne leur laisse rien.*

Les Animaux malades de la peste.

Un mal qui répand la terreur ,
Mais que le ciel en sa fureur
Inventa pour punir les crimes de la terre ,
La peste (puisqu'il faut l'appeler par son nom) ,
Capable d'enrichir en un jour l'Achéron (1) ,
Faisait aux animaux la guerre.
Ils ne mouraient pas tous, mais tous étaient frappés :
On n'en voyait point d'occupés
A chercher le soutien d'une mourante vie ;
Nul mets n'excitait leur envie ;
Ni loups ni renards n'épiaient
La douce et l'innocente proie ;
Les tourterelles se fuyaient ;
Plus d'amour , partant (2) plus de joie.
Le lion tint conseil, et dit : Mes chers amis ,
Je crois que le ciel a permis
Pour nos péchés cette infortune :
Que le plus coupable de nous
Se sacrifie aux traits du céleste courroux ;
Peut-être il obtiendra la guérison commune.
L'histoire nous apprend qu'en de tels accidents
On fait de pareils dévoûments.
Ne nous flattons donc point ; voyons sans indulgence
L'état de notre conscience.
Pour moi , satisfaisant mes appétits gloutons ,
J'ai dévoré force moutons.
Que m'avaient-ils fait ? nulle offense ;
Même il m'est arrivé quelquefois de manger
Le berger.

Je me dévouerais donc, s'il le faut ; mais je pense
Qu'il est bon que chacun s'accuse ainsi que moi ;
Car on doit souhaiter, selon toute justice ,
Que le plus coupable périsse.
Sire , dit le renard , vous êtes trop bon roi ;
Vos scrupules font voir trop de délicatesse.
Eh bien ! manger moutons , canaille , sotte espèce ,
Est-ce un péché ? Non, non. Vous leur fîtes, seigneur ,
En les croquant, beaucoup d'honneur.
Et quant au berger, l'on peut dire
Qu'il était digne de tous maux ,
Étant de ces gens-là qui sur les animaux
Se font un chimérique empire.
Ainsi dit le renard ; et flatteurs d'applaudir.
On n'osa trop approfondir
Du tigre, ni de l'ours, ni des autres puissances ,
Les moins pardonnables offenses :
Tous les gens querelleurs , jusqu'aux simples mâtins ,
Au dire de chacun , étaient de petits saints.
L'âne vint à son tour , et dit : J'ai souvenance (3)
Qu'en un pré de moines passant ,
La faim , l'occasion , l'herbe tendre , et , je pense ,
Quelque diable aussi me poussant ,
Je tondis de ce pré la largeur de ma langue ;
Je n'en avais nul droit, puisqu'il faut parler net.
A ces mots, on cria haro (4) sur le baudet.
Un loup, quelque peu clerc (5) , prouva par sa harangue
Qu'il fallait dévouer ce maudit animal,
Ce pelé, ce galeux, d'où venoit tout leur mal.

(1) *Pour* le séjour des morts.
(2) Par conséquent. Ce mot n'est guère d'usage qu'au Palais.

(3) Souvenir.
(4) Terme de pratique, clameur pour arrêter quelqu'un.
(5) Un peu instruit.

Sa peccadille fut jugée un cas pendable :
Manger l'herbe d'autrui ! quel crime abominable !
   Rien que la mort n'était capable

D'expier son forfait On le lui fit bien voir.
Selon que vous serez puissant ou misérable,
Les jugements de cour vous rendront blanc ou noir.

Le Lion et le Rat.

Il faut, autant qu'on peut, obliger tout le monde :
On a souvent besoin d'un plus petit que soi.
De cette vérité deux fables feront foi ;
   Tant la chose en preuves abonde.
   Entre les pattes d'un lion,
Un rat sortit de terre assez à l'étourdie.
Le roi des animaux, en cette occasion,
Montra ce qu'il était, et lui donna la vie.
   Ce bienfait ne fut pas perdu.

   Quelqu'un aurait-il jamais cru
   Qu'un lion d'un rat eût affaire ?
Cependant il advint qu'au sortir des forêts
   Ce lion fut pris dans des rets,
Dont ses rugissements ne le purent défaire.
Sire rat accourut, et fit tant par ses dents,
Qu'une maille rongée emporta tout l'ouvrage.
   Patience et longueur de temps
   Font plus que force ni que rage.

Le Meunier, son Fils et l'Ane.

L'invention des arts étant un droit d'aînesse,
Nous devons l'apologue (1) à l'ancienne Grèce :

(1) Fable, histoire feinte, morale et instructive

Mais ce champ ne se peut tellement moissonner,
Que les derniers venus n'y trouvent à glaner.
La feinte est un pays plein de terres désertes ;
Tous les jours nos auteurs y font des découvertes.

Je t'en veux dire un trait assez bien inventé :
Autrefois à Racan (2) Malherbe l'a conté.
Ces deux rivaux d'Horace, héritiers de sa lyre,
Disciples d'Apollon, nos maîtres, pour mieux dire,
Se rencontrant un jour tout seuls et sans témoins,
(Comme ils se confiaient leurs pensers (3) et leurs soins)
Racan commence ainsi : Dites-moi, je vous prie,
Vous qui devez savoir les choses de la vie,
Qui par tous ses degrés avez déjà passé,
Et que rien ne doit fuir en cet âge avancé ;
A quoi me résoudrai-je? Il est temps que j'y pense.
Vous connaissez mon bien, mon talent, ma naissance :
Dois-je dans la province établir mon séjour?
Prendre emploi dans l'armée, ou bien charge à la cour?
Tout au monde est mêlé d'amertume et de charmes :
La guerre a ses douceurs, l'hymen a ses alarmes.
Si je suivais mon goût, je saurais où butter (4) ;
Mais j'ai les miens, la cour, le peuple, à contenter.
Malherbe là-dessus : Contentez tout le monde !
Écoutez ce récit avant que je réponde :

J'ai lu dans quelque endroit qu'un meunier et son fils,
L'un vieillard, l'autre enfant, non pas des plus petits,
Mais garçon de quinze ans, si j'ai bonne mémoire,
Allaient vendre leur âne, un certain jour de foire.
Afin qu'il fût plus frais et de meilleur débit,
On lui lia les pieds, on vous le suspendit :
Puis, cet homme et son fils le portent comme un lustre.
Pauvres gens! idiots! couple ignorant et rustre!
Le premier qui les vit de rire s'éclata (5) :
Quelle farce, dit-il, vont jouer ces gens-là?
Le plus âne des trois n'est pas celui qu'on pense.
Le meunier, à ces mots, connaît son ignorance :
Il met sur pieds sa bête, et la fait détaler.
L'âne, qui goûtait fort l'autre façon d'aller,
Se plaint en son patois. Le meunier n'en a cure (6) ;
Il fait monter son fils, il suit : et, d'aventure,
Passent trois bons marchands. Cet objet leur déplut.
Le plus vieux au garçon s'écria tant qu'il put :

(2) Poète français du quinzième siècle.
(3) Pensée, opinion ; *poétique*.
(4) Toucher le but, avoir pour but.
(5) On ne dit plus *s'éclater*, mais *éclater de rire*.
(6) *Avoir cure*, se soucier, se mettre en peine.

Oh là! oh! descendez, que l'on ne vous le dise,
Jeune homme, qui menez laquais à barbe grise!
C'était à vous de suivre, au vieillard de monter.
Messieurs, dit le meunier, il vous faut contenter.
L'enfant met pied à terre, et puis le vieillard monte.
Quand trois filles passant, l'une dit : C'est grand'honte
Qu'il faille voir ainsi clocher (7) ce jeune fils.
Tandis que ce nigaud, comme un évêque assis,
Fait le veau sur son âne, et pense être bien sage.
Il n'est, dit le meunier, plus de veaux à mon âge :
Passez votre chemin, la fille, et m'en croyez.
Après maints quolibets coups sur coups renvoyés,
L'homme crut avoir tort, et mit son fils en croupe.
Au bout de trente pas, une troisième troupe
Trouve encore à gloser. L'un dit : Ces gens sont fous!
Le baudet n'en peut plus; il mourra sous leurs coups.
Hé quoi! charger ainsi cette pauvre bourrique!
N'ont-ils point de pitié de leur vieux domestique?
Sans doute qu'à la foire ils vont vendre sa peau.
Parbleu! dit le meunier, est bien fou du cerveau
Qui prétend contenter tout le monde et son père.
Essayons toutefois si par quelque manière
Nous en viendrons à bout. Ils descendent tous deux :
L'âne se prélassant (8) marche seul devant eux.
Un quidam les rencontre, et dit : Est-ce la mode
Qu'un baudet aille à l'aise, et meunier s'incommode?
Qui de l'âne ou du maître est fait pour se lasser?
Je conseille à ces gens de le faire enchâsser.
Ils usent leurs souliers, et conservent leur âne!
Nicolas, au rebours : car, quand il va voir Jeanne,
Il monte sur sa bête; et la chanson le dit.
Beau trio de baudets! Le meunier repartit :
Je suis âne, il est vrai, j'en conviens, je l'avoue;
Mais que dorénavant on me blâme, on me loue,
Qu'on dise quelque chose, ou qu'on ne dise rien,
J'en veux faire à ma tête. Il le fit, et fit bien.

Quant à vous, suivez Mars (9), ou l'amour, ou le prince;
Allez, venez, courez, demeurez en province;
Prenez femme, abbaye, emploi, gouvernement :
Les gens en parleront, n'en doutez nullement.

(7) Trébucher, ne pas aller droit.
(8) Marchant gravement, se carrant.
(9) Dieu de la guerre.

www.ingramcontent.com/pod-product-compliance
Lightning Source LLC
LaVergne TN
LVHW010907200726

843507LV00002B/526